LE NEVEU

DE MONSEIGNEUR,

OPÉRA BOUFFON EN DEUX ACTES,

PAR MM. ****,

MUSIQUE DE MM. ROSSINI ET PACINI,

Arrangée pour la Scène Française

PAR M. GUÉNÉE;

REPRÉSENTÉ, POUR LA PREMIÈRE FOIS, A PARIS, SUR LE THÉATRE ROYAL DE L'ODÉON, LE 7 AOUT 1826.

PRIX : 2 FRANCS.

A PARIS,

CHEZ BEZOU, LIBRAIRE,

SUCCESSEUR DE M. FAGES,

AU MAGASIN DE PIÈCES DE THÉATRE,

Boulevard St.-Martin, N°. 29, vis-à-vis la rue de Lancry.

1826.

PERSONNAGES. ACTEURS.

LE PRINCE................	M. *Thénard.*
FERNAND.................	M. *Peyronnet.*
PAOLI....................	M. *G. Duprez.*
FAGOTTO................	M. *Léon Bizot.*
JULIA.....................	Mlle. *Amélie Dorgebray.*
BÉATRIX, maîtresse d'auberge	Mme. *Meyssin.*
Un Valet de l'auberge, parlant.	M. *Rihoelle.*
Suite du Prince. Gardes-chasse. Valets de l'Auberge.	*Chœurs.*

La scène se passe à Buffalora, petite ville d'Italie, dans une auberge.

DE L'IMPRIMERIE DE J.-S. CORDIER FILS,
Rue Thévenot, N°. 8.

LE NEVEU

DE MONSEIGNEUR,

OPÉRA BOUFFON EN DEUX ACTES.

ACTE PREMIER.

L'extérieur de l'auberge de Béatrix. A droite, un corps-de-logis principal avec une enseigne. A gauche, un pavillon; au quatrième plan, une grille qui traverse le théâtre dans toute sa largeur. Au fond, paysage.

SCÈNE PREMIÈRE.

JULIA, PAOLI, BÉATRIX, Valets et Servantes.

Introduction.

BÉATRIX ET CHOEUR.

C'est montrer trop d'indulgence;
Songez-y sans plus tarder,
Il faut ici nous solder;
Nous sommes las de demander,
Il faut payer sans plus tarder.

JULIA ET PAOLI.

Patience! patience!

BÉATRIX.

Non, nous ne voulons plus attendre.

PAOLI ET JULIA.

Daignez m'entendre!

BÉATRIX.

Non, vous ne pouvez prétendre
Loger gratis dans ma maison;
Payez donc, payez donc,
Ou vous irez tous les deux en prison.

JULIA.

A cette menace,
La crainte me glace,
Encore, de grâce,
Soyez généreux!

PAOLI.

Votre humble prière
Vous touche, j'espère;
Déjà la colère
N'est plus dans vos yeux.

JULIA.

Le sort nous est contraire;
Mais un jour plus prospère
Bientôt luira, j'espère.
Ah! qu'il brille à nos yeux!
Et nous serons heureux
De payer vos soins généreux.

JULIA ET PAOLI, *ensemble*.

Ah! plus de menace!
Que la bonté remplace
Cet arrêt affreux;
De grâce, de grâce,
Soyez généreux!

BÉATRIX ET LE CHOEUR.

Vraiment, ils sont intéressans;
Pour eux soyons plus indulgens.

BÉATRIX.

Consolez-vous, pauvres enfans;
Oui, je me rends
A vos accens.
Non, plus d'allarmes,
Séchez vos larmes,
A vos vœux je me rends,
Soyez contens.

CHOEUR.

Consolez-vous, etc.

BÉATRIX.

Nous sommes tous d'accord;
Nous attendrons encor.

JULIA.

Croyez à ma reconnaissance,

BÉATRIX ET LE CHOEUR.

Oui, nous prendrons patience.

JULIA ET PAOLI.

Ah! quel bonheur! quels doux instans!
Vous vous rendez à nos accens;
Non, plus d'allarmes,
Séchons nos larmes,
Soyons contens.

BÉATRIX ET LE CHOEUR.

Consolez-vous, pauvres enfans!

(*Julia et Paoli rentrent dans l'auberge; les valets et les servantes les suivent.*)

SCÈNE II.

BÉATRIX, FAGOTTO.

FAGOTTO, *entre par le fond.*

Ah! signora Béatrix, vous me voyez enchanté, transporté!

BÉATRIX.

Tant mieux pour vous, seigneur Fagotto...

FAGOTTO.

Vous possédez dans votre hôtel une virtuose, une véritable artiste.

BÉATRIX.

Une artiste!... il ne me manquerait plus que cela.

FAGOTTO.

C'est comme moi, il ne me manque plus qu'une voix de femme pour compléter la séance musicale que je donne ce soir.

BÉATRIX.

Vous pouvez bien aller chercher ailleurs qu'ici votre voix de femme.

FAGOTTO.

Comment?

BÉATRIX.

Oui, car je vais renvoyer à l'instant votre virtuose et le jeune homme qui l'accompagne ; je m'étais laissé attendrir, mais puisque ce sont des artistes...

FAGOTTO.

Un jeune homme! Ah! il y a encore un jeune homme? si ce pouvait être un tenor, quels beaux duos!

BÉATRIX.

Je ne sais pas si c'est un tenor ; tout ce que je sais, c'est que l'un se nomme Paoli, l'autre Julia, et qu'ils se donnent ici pour frère et sœur ; mais je crois cette parenté fort douteuse.

FAGOTTO.

Ah! ah! est-ce que?..

BÉATRIX.

Oh! ce n'est pas que leur conduite ne soit très-décente! La demoiselle est arrivée d'abord ; le jeune homme n'est arrivé que le lendemain : elle occupe cet appartement, ici près de moi, lui il est logé plus loin, dans ce pavillon ; et ce sont des égards, des respects..... il n'y a rien à dire...

FAGOTTO.

S'il n'y a rien à dire, il faut donc vous taire, signora Béatrix, et ne pas compromettre la réputation d'artistes, peut-être très-estimables.

BÉATRIX.

Tant que vous voudrez ; mais moi, qui ai l'honneur de recevoir dans mon hôtel le Prince, lorsqu'il vient chasser de ce côté, vous pensez bien que je ne me soucie guère de loger des artistes ; d'ailleurs, qu'ils me payent, et je n'en dirai que du bien..... mais je crains beaucoup....

FAGOTTO.

Pourquoi donc, signora? je suis artiste aussi, moi... et me voilà Fagotto, l'un des plus gros propriétaires et officier civil de Buffalora. Aujourd'hui, Plutus et Apollon sont réconciliés ; les artistes en général, et les chanteurs de notre pays en particulier, paient beaucoup mieux qu'autrefois, et la raison en est bien naturelle : le son de l'or est l'accompagnement obligé de leurs roulades ; demandez aux directeurs des opéras de Vienne, de Naples, Paris, Londres.

BÉATRIX.

J'aurais volontiers des égards pour ces jeunes gens, si vous me répondiez d'eux.

FAGOTTO.

Répondre d'eux!... un moment, signora, qui répond paie.

BÉATRIX, *à part.*

Et ce n'est pas votre habitude, on le sait.

FAGOTTO.

Mais, écoutez, ou ce sont des artistes, ou ce sont des aventuriers; je vais les inviter à ma soirée musicale, s'ils refusent, ce sont des aventuriers, et alors, en ma qualité de magistrat, je m'en charge; si ce sont des artistes, ils accepteront, je les entendrai, je les jugerai, et demain je vous rendrai compte de mes observations.

BÉATRIX.

Eh bien, soit, M. Fagotto, je prendrai patience jusqu'à demain.

FAGOTTO.

Je vais faire une toilette plus décente, et je reviens présenter mon invitation. (*A part.*) Je m'assure mes deux chanteurs pour ce soir, demain elle fera ce qu'elle voudra. (*Il sort.*)

SCÈNE III.

BÉATRIX, PAOLI, FERNAND, *ils entrent par la grille.*

PAOLI.

Ce cher Fernand!... quel bonheur de le rencontrer ainsi! Ah! Madame, faites-nous servir à déjeûner.

FERNAND.

Oui, à déjeûner promptement, Madame... Ce bon ami, la joie de le retrouver double mon appétit...

BÉATRIX, *à part.*

Allons, j'ai promis à M. Fagotto... (*Haut.*) Oui, Messieurs, dans l'instant vous serez servis. (*A Paoli.*) Je vais avertir mademoiselle votre sœur.

FERNAND.

Ah! tu as une sœur!

PAOLI.

Chut!...

BÉATRIX, *en sortant.*

Passe encore pour aujourd'hui; mais demain...

SCÈNE IV.

PAOLI, FERNAND.

FERNAND.

En vérité, mon cher ami, jamais rencontre ne m'a causé tant de plaisir.

PAOLI.

Ta joie ne saurait être plus vive que la mienne! j'avais besoin de quelqu'un à qui je pusse ouvrir mon cœur; la position dans laquelle je me trouve...

FERNAND, *l'interrompant.*

Quelle quelle soit, je gagerais d'avance que la mienne est plus fâcheuse encore!

PAOLI.

Oh! tu te perdrais.

DUO.

FERNAND.

De bonne foi je partage
Tes chagrins, pourtant je gage
Que la fortune volage
T'a bien mieux traité que moi.
Je voyage
Tristement,
Sans bagage
Et même sans argent;
Mais j'ai su, dans ma détresse,
Conserver ma folle ivresse,
Un joyeux refrain,
Sans cesse
Vient charmer l'ennui du chemin.

PAOLI.

Ah! j'admire ton courage!
M[illegible]is tu conviendras, je gag[illegible]

Que la fortune volage
T'a bien mieux traité que moi.
La folie
Jette des fleurs sur ta vie,
Et sans doute
L'espoir embellit ta route;
L'avenir... je le redoute,
Il est bien triste pour moi;
Pauvre, j'ai de plus que toi
Force dettes, et ma foi,
Tous les gens à qui je doi,
Portent leur bonté, je croi,
Jusqu'à vouloir, malgré moi,
Me loger au nom du roi.

FERNAND.

Pour les dettes... sympathie!

PAOLI.

Mais ta place est jolie!

FERNAND.

Mais le prince me congédie.

PAOLI.

Grâce à quelqu'étourderie.

FERNAND.

Sa faveur m'est ravie.

PAOLI.

Je te porte encore envie!

FERNAND.

Quoi! tu me portes envie?

PAOLI.

Une compagne, une amie...

FERNAND.

Comment, comment, une amie?

PAOLI.

A mon sort est unie,
Et partout de mon malheur
Veut partager la rigueur.

FERNAND.

Je comprends, oui, c'est ta sœur
Qui partage ton malheur.

PAOLI.

Cette amie
Qui partage mon malheur,
Hélas! ce n'est point ma sœur!

FERNAND.

Ta compagne est belle et tendre,
Et ton cœur pour le comprendre,
Trouve au moins un cœur.
Ah! c'est déjà le bonheur!

PAOLI.

L'objet de ma vive tendresse,
Comme moi, pour toute richesse...

FERNAND.

Pour toute richesse?...

PAOLI.

Ne possédait que sa tendresse.

FERNAND.

Que sa tendresse?

PAOLI.

On voulut combattre nos vœux.

FERNAND.

Combattre vos vœux!

PAOLI.

Amour, malheur, tout nous rassemble,
Et nous allons chercher ensemble,
Un ciel moins rigoureux.

Ensemble.

FERNAND.

Oui, c'est l'amour qui vous rassemble,
Et vous allez chercher ensemble
Un ciel moins rigoureux.

PAOLI.

Amour, malheur, etc.

FERNAND.

Même sort du moins vous rassemble,
Souffre-t-on alors qu'on est deux?
Près de celle qui t'engage,
Tout ranime ton courage.

PAOLI.

Oui, mais belle autant que sage,
Elle veut qu'un prompt mariage
Ici même nous engage.

FERNAND.

Bravo! bravo! moi, me voici,
Premier témoin pour le mari.
Je jure
De boire à la future;
Dussé-je boire à crédit,
Et voir tes créanciers en mourir de dépit!

PAOLI.

Ta gaîté m'encourage.

FERNAND.

C'est bien.

PAOLI.

Pressons le mariage.

FERNAND.

Très-bien!

PAOLI.

Mais pour les frais que faire?

FERNAND.

Je n'en sais rien.

PAOLI.

Que donner au notaire?

FERNAND.

Mais rien...

PAOLI.

Je m'abusais, non, plus d'espoir,
Fernand aussi, Fernand ce soir,
Pour mon bonheur, n'a plus d'espoir.

FERNAND.

Conserve encore l'espoir.

PAOLI.

Cette espérance est vaine,
Tout augmente ma peine;
Toujours, toujours
Fidèle,
Je vais loin de ma belle
Passer mes jours,
Pour moi plus d'heureux jours.

Ensemble.

FERNAND.

Sois fidèle
A ta belle;
Et bientôt auprès d'elle,
Espère d'heureux jours.

FERNAND.

Ainsi, à l'insu de vos tuteurs, vous avez tous deux quitté Milan?

PAOLI.

Elle est partie, il y a dix jours, et dans mon désespoir...

FERNAND.

Tu l'as suivie?

PAOLI.

Oui, de loin...

FERNAND.

Et que comptes-tu faire?

PAOLI.

Je l'ignore.

FERNAND.

Je le disais bien, tu es plus heureux que moi : ton amour te tient lieu d'avenir, et tout est oublié quand tu es auprès de... comment s'appelle-t-elle?

PAOLI.

Julia.

FERNAND.

Auprès de Julia; moi, je suis tout seul! Mais enfin, comme on doit prendre son bonheur où on le trouve, je vais mettre le mien à vous servir tous les deux. Connais-tu quelqu'un dans cette petite ville?

PAOLI.

Personne.

FERNAND.

Tant mieux!

PAOLI.

Pourquoi cela?

FERNAND.

Je n'en sais rien; mais il faut toujours voir le bon côté des choses... As-tu de l'argent?

PAOLI.

Pas un ducat! vas-tu encore dire tant mieux?

FERNAND.

Sans doute, car tu aurais été obligé de m'en donner.

PAOLI.

Il n'y a qu'un instant encore, je fondais quelque espoir sur une vieille créance de mon père, dont cependant tous les procès du monde n'ont jamais pu tirer un florin.

(*Il tire des papiers de sa poche.*)

FERNAND.

Voyons. (*Il prend les papiers de Paoli.*) Trois mille ducats! jolie somme! (*Regardant la signature.*) Fagotto! qu'est-ce que c'est que ça?

PAOLI.

C'était alors un pauvre diable de musicien, qui, je crois, a fait fortune depuis.

FERNAND.

Avec un honnête homme, cela serait très-bon; mais avec un fripon...

PAOLI.

Ça ne vaut rien, je le sais; sans me faire connaître à ce M. Fagotto, attendu qu'il est le magistrat de l'endroit, et qu'il aurait bien pu arrêter le fugitif pour se débarrasser du créancier, je viens de faire auprès de lui une dernière tentative.

FERNAND.

Et qu'a-t-il répondu?

PAOLI.

Qu'il paierait quand on pourrait l'y contraindre.

FERNAND.

Si c'est là tout ton patrimoine... et pas un oncle, une tante à succession!... Si fait, je me rappelle t'avoir entendu parler d'un colonel.

PAOLI.

Ah! oui, un frère de ma mère, M. Dorvalli; il promettait d'aller loin; mais y il a quinze ans que nous n'avons eu de ses nouvelles : le brave homme sera resté sur quelque champ de bataille:

FERNAND.

Pourquoi donc? il te tombera peut-être d'Amérique, avec une grosse fortune et un cœur paternel..... cela se voit!...

PAOLI.

Ce qu'il y a de pire dans ma situation, c'est que nous

avons des dettes; qu'on ne veut plus me faire crédit, et qu'on me promet la prison pour demain, si je n'ai pas payé aujourd'hui... Que deviendra Julia?

SCÈNE V.

PAOLI, FERNAND, JULIA.

JULIA, *accourant, à Paoli.*

Mon ami, mon ami! (*Apercevant Fernand.*) Ah! mon dieu!

FERNAND, *à Paoli.*

Peste!... je te fais mon compliment. Rassurez-vous, belle Julia, vous n'avez rien à craindre; je suis l'ami de votre ami... de votre frère...

PAOLI.

Oui, ma chère Julia, c'est notre bonne fortune qui nous l'envoie: malheureux comme nous, il peut ne pas nous être utile, mais il nous consolera.

JULIA.

Ah! Paoli! que doit-on penser de nous, de moi surtout?

PAOLI.

Que nous importe? tant que nous vivrons l'un pour l'autre.

FERNAND.

Comme l'amour rend sentimental!... Oh! ce n'est pas avec des phrases pathétiques que vous sortirez d'embarras. Que ne suis-je encore secrétaire intime du Prince! je n'ai jamais tant regretté ma place... Mais si le titre n'y est plus, la personne y est encore, et pourra vous tirer d'affaire. Voyons d'abord cette créance, il faut poursuivre... il faut...

PAOLI.

Non, non, je ne veux pas être connu ici; on a peut-être des ordres contre nous.

JULIA.

On nous reconduirait à Milan!

FERNAND.

Eh bien! si par un bon tour, une ruse adroite...

PAOLI.

Oh! pour cela, je te le défends; tu nous embarquerais dans quelque mauvaise affaire.

FERNAND.

Toujours timide, toujours poltron!

PAOLI.

Et toi, toujours étourdi, toujours entreprenant.

SCÈNE VI.

PAOLI, JULIA, FERNAND, FAGOTTO.

FERNAND, *voyant Fagotto qui fait de grandes révérences en entrant.*

Oh! la drôle de figure!

FAGOTTO, *s'avançant.*

Madame, Messieurs, pardon; j'ai été sous-maître de chapelle à Pavie; j'ai joué six ans du basson à l'orchestre de Turin, et j'ai longtemps travaillé avec Cimarosa et Paësillo : c'est moi qui copiais leurs partitions.

FERNAND.

C'est fort honorable pour eux.

FAGOTTO.

Et pour moi, Monsieur. C'était le bon temps de la musique; on pouvait alors exécuter sans frais, en famille, les morceaux à la mode : aujourd'hui, il ne faut pas moins de quarantemusiciens pour accompagner le plus petit air de nos opéras en vogue.

PAOLI.

Quel original!

FAGOTTO.

Au reste, Messieurs, je suis connu en plus d'un endroit; et si vous avez été à Milan, vous devez avoir entendu parler du signor Fagotto?...

FERNAND.

Fagotto!

PAOLI, *vivement.*

Quoi! Monsieur serait?.. (*Bas à Fernand.*) Ah! mon dieu! c'est lui!... l'homme à la créance...

FERNAND, *bas à Paoli.*

Laisse-moi faire.

FAGOTTO.

Je vois que mon nom ne vous est pas étranger.

PAOLI.

Effectivement, je l'ai entendu souvent prononcer.

FERNAND.

Un très-honnête homme!

FAGOTTO.

Vous me flattez. Pour arriver au but de ma visite, vous devez penser qu'un artiste aussi distingué que moi, en acceptant des fonctions administratives, car vous savez que je suis officier civil de Buffalora...

PAOLI, *à Fernand.*

Tu l'entends... ne vas pas lui demander de l'argent.

FAGOTTO.

On n'a pas entièrement renoncé à ses anciennes habitudes; je rassemble chez moi, trois fois par semaine, les amateurs les plus distingués; nous donnons de petits concerts; nous réunissons nos faibles ressources, et au moyen d'un violon supplémentaire, qui fait la partie de trombonne, nous ne reculons pas même devant Rossini..... Hier, en faisant ma ronde, j'ai entendu sortir de cette auberge une voix mélodieuse... Elle chantait du Mozart, c'est un peu vieux, mais ce n'est pas encore mauvais... ça le deviendra peut-être, car on ne peut répondre de rien... J'ai demandé quel était la propriétaire de ce divin gosier, on m'a nommé mademoiselle votre sœur, et j'accours aujourd'hui, percepteur d'Apollon, lever une contribution directe sur sa complaisance et son talent.

PAOLI.

Monsieur, ma sœur a pu par hasard essayer quelque romance, mais elle a si peu d'habitude...

FAGOTTO.

Pardonnez-moi, je l'ai entendue d'abord... mais seulement à son air, à sa tournure, je l'aurais jugée une cantatrice excellente... Oh! je m'y connais! on n'a pas joué vingt ans du basson sans devenir un peu physionomiste.

FERNAND.

Parbleu!

FAGOTTO.

J'ose donc espérer qu'elle voudra bien embellir le concert que je donne ce soir.

JULIA.

Moi ! (*Bas à Paoli.*) Refuse vite.

PAOLI.

Impossible, Monsieur.

FAGOTTO, *à part.*

Diable, un refus!... est-ce que par hasard Béatrix auaurait raison? (*Haut.*) Vous daignerez au moins honorer notre réunion de votre présence.

PAOLI.

Ma sœur et moi nous ne voyons personne.

FAGOTTO.

Cependant les premières têtes de la ville...

PAOLI.

Personne, Monsieur.

FAGOTTO, *piqué.*

Il faut avoir des raisons bien fortes pour refuser une invitation chez M. Fagotto, l'homme le plus riche du pays !

FERNAND, *à part.*

Le plus riche!... on ne risque rien de lui faire payer sa dette.

FAGOTTO.

Un particulier très-connu du Prince !

FERNAND.

Ah ! Monsieur est connu du Prince?

FAGOTTO.

Oui, Monsieur, en raison de mes fonctions administratives. Je suis même en correspondance avec lui... il m'écrit... c'est-à-dire son secrétaire.

FERNAND, *à part.*

J'ai bien envie d'en rependre les fonctions pour aujourd'hui.

FAGOTTO.

Je ne suis pas accoutumé à me voir traiter de la sorte... une telle conduite pourrait donner à penser...

FERNAND, *à part.*

Je le tiens !

PAOLI.

Tout ce qu'il vous plaira.

JULIA, *à part.*

Ah ! je tremble.

FERNAND.

En effet, M. Fagotto est un homme si aimable ! (*Bas à Fagotto.*) Ne les perdez pas de vue.

FAGOTTO, *bas à Fernand.*

Eh !...

FERNAND, *bas à Fagotto.*

Je ne puis vous en dire davantage.

FAGOTTO, *à part.*

Oh ! oh !.. si c'étaient des aventuriers !

SCÈNE VII.

Les Précédens, un Valet.

LE VALET.

Le déjeûner est servi.

FERNAND.

Excellente nouvelle !

FAGOTTO, *à part.*

Prévenons Béatrix. (*Bas au valet.*) Ecoute, dis à la signora Béatrix d'apporter son mémoire.

PAOLI, *bas à Fernand.*

Que lui disais-tu donc ?

FERNAND.

Oh ! rien !... (*A part.*) Je me garderai bien de le mettre dans la confidence. (*Haut.*) Allons, à table.

(*Il donne la main à Julia et l'emmène.*)

SCÈNE VIII.

FAGOTTO, PAOLI.

FAGOTTO, *arrêtant Paoli, qui veut suivre Julia.*

Demeurez, Monsieur, demeurez.

PAOLI.

Comment ?

FAGOTTO.

J'ai à vous parler. (*A part.*) Tout ceci commence à me paraître fort suspect... Avant tout, soyons magistrat.... (*Haut à Paoli.*) Jeune homme, qui êtes-vous? que faites-vous? d'où venez-vous? quels sont vos nom, prénoms, qualités, domicile et moyens d'existence?

PAOLI.

Un interrogatoire en forme!... et de quel droit me faites-vous ces questions?

FAGOTTO, *à part.*

Il se trouble!.. (*Haut.*) Jeune homme, je suis officier civil.

PAOLI.

Raison de plus pour être honnête.

FAGOTTO.

Je crois qu'il raisonne.

PAOLI, *à part.*

Ma foi, parlons lui de ma créance, c'est le moyen de le faire taire. (*Haut.*) Non, Monsieur, non, vous ne m'intimiderez pas... et s'il faut me fâcher, je me fâcherai aussi, moi! vous ne savez pas qui je suis...

FAGOTTO, *effrayé et d'un ton plus doux.*

C'est précisément ce que je vous demande.

PAOLI.

Eh bien, Monsieur, je suis...

FAGOTTO.

Vous êtes?...

PAOLI, *à part.*

Si pourtant il avait des ordres contre moi.

FAGOTTO, *toujours radouci.*

Parlez, jeune homme, c'est un ami qui vous en prie, vous êtes donc?...

PAOLI, *timidement.*

Je ne puis vous le dire.

FAGOTTO, *avec force.*

Prenez garde; c'est un magistrat qui vous parle : si vous me forcez à prendre des mesures sévères... à user de mon autorité...

SCÈNE IX.

PAOLI, FAGOTTO, FERNAND, un Valet.

(*Pendant les dernières phrases de la scène précédente, Fernand est sorti d'une chambre avec un valet; il tient une lettre qu'il donne au domestique, en lui faisant signe de la remettre à Fagotto, et il se tient toujours au fond.*)

LE VALET, *à Fagotto.*

Une lettre qu'un exprès vient d'apporter; elle est très-pressée à ce qu'il dit.

FAGOTTO.

Une lettre! voyons. (*A Paoli.*) Attendez, Monsieur, je vais décider de votre sort.

(*Le Valet rejoint Fernand qui lui donne de l'argent, et ils sortent.*)

SCÈNE X.

FAGOTTO, PAOLI.

FAGOTTO, *lisant la lettre.*

C'est du secrétaire intime du Prince... il parle au nom de son Altesse.

PAOLI, *à part.*

Et Fernand qui me laisse dans l'embarras!

FAGOTTO, *regardant Paoli.*

Ah! mon Dieu! ne me trompé-je pas?

PAOLI, *à part.*

Qu'est-ce qu'il a donc à me regarder?

FAGOTTO, *à part.*

Est-ce que par hasard ce serait... relisons attentivement. (*Il lit.*) » Mon cher Fagotto! » son cher Fagotto!... » Le Prince!... le jeune Paoli, mon neveu. » oh! il a un neveu! je ne le savais pas. « est en ce moment » dans votre ville avec une actrice, mademoiselle Julia, » qu'il adore, qu'il a enlevée » c'est bien cela! » Et » qu'il veut épouser. » Quelle folie! » Voyez-le » Je le vois parfaitement.

PAOLI, *à part avec inquiétude.*

Si c'était mon signalement.

FAGOTTO, *continuant de lire.*

» Ramenez-le à des sentimens dignes de sa naissance ; » n'épargnez ni les conseils ni la dépense pour qu'il re- » prenne le rang et la tenue qui lui conviennent ; donnez » une forte somme à la jeune personne, et renvoyez-moi » mon neveu ; comptez sur toute ma reconnaissance. » Plus de doute, c'est lui !... Qu'allais-je faire ?

PAOLI, *à part.*

Je commence à avoir peur. (*Haut à Fagotto.*) Est-ce que cette lettre me concerne?

FAGOTTO.

Un peu.

PAOLI.

Eh bien ! que vous dit-elle !

FAGOTTO.

Elle m'apprend qui vous êtes.

PAOLI, *avec effroi.*

Ah !

FAGOTTO.

Elle me rappelle mes devoirs envers vous.

PAOLI.

Envers moi... vous savez donc?

FAGOTTO.

Tout. Vous me voyez confus de la conduite que j'ai tenue jusqu'ici.

PAOLI, *à part.*

Est-ce qu'il voudrait me payer?

FAGOTTO.

Mais je veux réparer mes torts envers vous, et vous n'aurez pas perdu pour attendre.

PAOLI.

Monsieur.... (*à part.*) Il paraît que c'est un honnête homme.

FAGOTTO.

Si j'avais su plutôt qui vous étiez, croyez que je me serais empressé de m'acquitter...

PAOLI.

Acquittez-vous, Monsieur; acquittez-vous, il est toujours temps... (*à part.*) Qui diable! peut lui avoir appris?

SCÈNE XI.

Les Précédens, BÉATRIX.

BÉATRIX, *d'un ton sec, et présentant son mémoire à Paoli.*

Monsieur, je vous prie de vouloir bien me solder, autrement...

FAGOTTO.

Signora Béatrix, que faites-vous?

BÉATRIX.

Ce que vous m'avez conseillé tout-à-l'heure.

FAGOTTO.

Silence!

BÉATRIX.

Je présente mon mémoire, je ne vois pas là d'indiscrétion.

FAGOTTO.

Pardonnez-moi, c'est indiscret.

PAOLI.

Surtout quand on n'a pas d'argent.

FAGOTTO.

Vous deviez attendre que monsieur vous le demandât.

BÉATRIX.

C'est ce que j'ai fait et ça ne m'a pas réussi... mais, vous-même, il n'y a qu'un instant...

FAGOTTO, *tirant Béatrix à part.*

Sotte que vous êtes, ne voyez-vous pas à ma politesse que c'est un personnage important?

BÉATRIX.

En vérité?

FAGOTTO.

Le neveu du Prince.

BÉATRIX.

Ah! bon Dieu! (*à Paoli.*) Pardon, Monsieur; croyez que certainement je connais les usages, et je sais tous les égards...

PAOLI.

Allons, de mieux en mieux...

BÉATRIX, *bas à Fagotto.*

Vous m'avez fait faire une jolie démarche!...

FAGOTTO, *à Béatrix.*

Eh! vite; il faut que je parle à la jeune personne, je l'attends. (*Béatrix sort par la droite.*)

PAOLI, *à part.*

Allons faire part à Fernand de ce qui se passe (*Il sort par le fond.*)

SCÈNE XII.

FAGOTTO, *seul.*

Je puis le laisser sortir, sa maîtrese est là; c'est un otage qui me répond de lui... Voici notre jeune cantatrice, entamons la conversation.

SCÈNE XIII.

JULIA, FAGOTTO.

FAGOTTO, *s'avançant vers Julia.*

Madame... ou mademoiselle. (*à part*). On est toujours embarrassé avec ces dames... on ne sait jamais précisément... (*Haut.*) Je viens vous demander un moment d'entretien, pouvez-vous me l'accorder?

JULIA, *étonnée.*

Monsieur..... (*A part.*) Qu'est-ce que cela veut dire?

FAGOTTO.

Nous n'avons rien à nous apprendre, charmante Julia; e sais tout...

JULIA.

Vous savez tout?

FAGOTTO.

J'ai reçu une lettre de son Altesse.

JULIA.

Eh bien?

FAGOTTO.

Elle m'apprend que son neveu vous adore ; c'est-à-dire on ne me l'apprend pas, je m'en étais aperçu.

JULIA.

Le neveu du Prince !... je ne vous comprends pas.

FAGOTTO.

Allons, allons, ne jouez donc pas la surprise avec moi, ne sais-je pas à qui j'ai l'honneur de parler ? à la Prima Dona la plus belle, et la plus aimée de notre Italie.

JULIA.

Prima Dona, moi !

FAGOTTO.

Allons, allons, encore une fois il est inutile de dissimuler avec moi ! on ne chante guère avec autant de pureté et de goût, sans être une véritable artiste.

JULIA.

POLONAISE.

Pour plaire à ce que j'aime,
Cet art, mon bien suprême,
L'amour, l'amour lui-même
Me l'enseigna.

Que mon ami s'avance,
Bientôt ma voix s'élance
En roulade, en cadence,
Avec éclat.

S'il s'en va je soupire,
Je ne sais plus rien dire;
Soudain ma voix expire,
Il n'est plus là.

Pour plaire à ce que j'aime,
Cet art, mon bien suprême,
L'amour, l'amour lui-même
Me l'enseigna.

FAGOTTO.

A la bonne heure ; mais le jeune homme qui vous accompagne, n'est-ce pas le jeune Paoli ?

JULIA.

Paoli ! sans doute... eh bien ?

FAGOTTO.

Le neveu de Monseigneur... tenez (*lui montrant la lettre*), voici l'article qui vous concerne, il m'annonce que le jeune Paoli, son neveu... Il est fort bien M. Paoli... s'est pris d'une belle passion pour une actrice.

JULIA, *se levant.*

Une actrice!

FAGOTTO, *se levant aussi.*

Attendez donc... Et même qu'il l'a enlevée.

JULIA.

Il a enlevé une actrice?... M. Paoli?

FAGOTTO.

Et cette actrice, c'est vous.

JULIA, *surprise et affligée.*

Moi!... mais c'est affreux... M. Paoli m'aime, mais est-ce ma faute à moi?... Je suis partie, il ma suivie; je suis arrivée, et lui aussi!... Il veut m'épouser... Je ne savais rien de tout cela, et j'y consentais..... Voilà tout.

FAGOTTO.

Ah! voilà tout... eh bien soit, voilà tout. Tenez, expliquons-nous, Mademoiselle, son Altesse veut arranger cette affaire...

JULIA.

Qu'y a-t-il à arranger?.. M. Paoli retournera dans sa famille, et moi, je resterai seule...

FAGOTTO.

Vous resterez, et nos concerts s'embelliront de vos talens... dès ce soir, vous chanterez...

JULIA.

Moi... je ne chanterai plus.

FAGOTTO.

Pourquoi donc?... une artiste...

JULIA, *en sortant.*

Laissez-moi, Monsieur, vous prenez bien mal votre temps pour plaisanter.

FAGOTTO, *la suivant.*

Mais c'est que je ne plaisante pas du tout.

SCÈNE XIV.

FAGOTTO, *seul.*

Je conçois facilement que Monseigneur tienne à rompre une pareille liaison... Avec ces dames, un Prince lui-même en serait bientôt aux lettres-de-change. (*Fernand paraît au fond du théâtre.*) Ah! voilà l'ami de M. Paoli.

SCÈNE XV.

FAGOTTO, FERNAND.

FERNAND, *à part.*

Sachons le résultat de mon message.

FAGOTTO, *à part.*

Il est certainement au fait de ce qui se passe, car tout-à-l'heure il me regardait avec un air goguenard.

FERNAND, *s'avançant.*

Eh bien! Monsieur, êtes-vous parvenu à organiser votre concert?

FAGOTTO.

Mon concert! oh! ce n'est pas cela qui m'occupe, Monsieur, c'est votre illustre ami!

FERNAND, *à part.*

Bien!

FAGOTTO.

Je suis instruit.

FERNAND.

Bah!

FAGOTTO, *à part.*

Il est tout surpris de me trouver instruit... (*Haut.*) Je parle de votre illustre ami...

FERNAND.

Que voulez-vous dire?

FAGOTTO.

On a trahi l'incognito de M. Paoli.

FERNAND.

Qui a pu vous l'apprendre?

FAGOTTO.

Cette lettre que l'on m'a fait l'honneur de m'écrire. Pouvez-vous lire ? (*Il la lui donne.*)

FERNAND.

Je l'espère. (*A part.*) Si je ne pouvais pas lire celle-là, par exemple! (*Haut.*) C'est fort bien, Monsieur, vous avez la confiance de son Altesse.

FAGOTTO.

Vous voyez : « Comptez sur toute ma reconnaissance. » La reconnaissance d'un prince !.. c'est un effet à cent pour cent. Ah ça, il est inutile de feindre avec moi maintenant.

FERNAND.

Parfaitement inutile... Ma foi, je vous avouerai que j'ai rencontré ici le neveu de son Altesse, et que j'avais le dessein de m'efforcer de rendre à sa famille; mais puisqu'on vous a chargé de cette tâche honorable, je me retire.

FAGOTTO.

Ah! je vous en supplie, joignez vos efforts aux miens.

FERNAND.

Si vous le voulez absolument... A propos, vous avez parlé au jeune homme.

FAGOTTO.

Je lui ai fait entendre que j'étais au fait; mais je voulais voir d'abord la Dona, et je n'ai pas dit positivement...

FERNAND.

C'est très-bien. (*A part.*) Il ne sait rien ! c'est plus sûr et plus piquant: avec ses scrupules, il me gênerait.

FAFOTTO.

Hein ! que dites-vous donc là ?

FERNAND.

Je rêvais à notre affaire.

FAGOTTO.

Tenez, Monseigneur me dit de ne pas épargner la dépense.

FERNAND.

N'épargnez pas la dépense, M. Fagotto... Faisons le budget.

DUO.

FERNAND.

Il faut ici de la prudence,
Vite, écrivons en conscience;
Que le budget de sa dépense
Entre nous deux soit discuté.

FAGOTTO.

Bien! attendez; de la prudence,
Parlez, j'écris en conscience,
Que le budget, etc.

FERNAND.

Jeune homme aimable, il a, je gage,
Force dettes, car c'est l'usage.
Pour les payer.....

FAGOTTO.

Est-ce l'usage!

FERNAND.

Non, mais nous sommes singuliers.

FAGOTTO.

Combien d'abord?

FERNAND.

Ah! de l'audace:
Mille ducats.

FAGOTTO.

L'article passe.
Payons nos créanciers,
Mais sans tirer à conséquence.

FERNAND.

Pour son plaisir, pour sa dépense,
Mille.

FAGOTTO.

C'est trop, il faut, je pense,
Faire un petit amendement.
Refléchissons un peu vraiment;
Devons-nous donner notre argent
Aussi légérement?

FERNAND.

Quel avenir! sujet fidèle,
Une faveur toujours nouvelle

Sera le prix de votre zèle,
Et l'intérêt de votre argent.

FAGOTTO.

Que dites-vous? « sujet fidèle,
» Une faveur toujours nouvelle
» Sera le prix de notre zèle,
» Et l'intérêt de mon argent!... »

FERNAND.

Et l'intérêt de votre argent.

FAGOTTO.

Mille! *adopté*. C'est charmant.

FERNAND.

Reste à présent la demoiselle.

FAGOTTO.

Y pensez-vous, une infidèle?

FERNAND.

N'importe, il faut que pour sa belle,
Un grand seigneur soit généreux.

FAGOTTO.

Eh bien! voyons: bijoux, dentelles,
Cadeaux...

FERNAND.

Eh! quoi, ces bagatelles!...
Moi, je connais ces demoiselles,
Mille ducats lui plairont mieux.
On lui paierait plus cher en France,
Une roulade, une cadence.

FAGOTTO.

Mille, c'est trop, il faut, je pense,
Faire un petit amendement.

FERNAND.

On lui paierait plus cher en France,
Une roulade, une cadence.

FAGOTTO.

Mille!.. adopté. Total: trois mille.

FERNAND.

En conscience,
C'est le montant de la créance.
Ce n'est pas tout,

FAGOTTO.

Encor!

FERNAND.

J'oublie
Un grand dîner.

FAGOTTO.

Quelle folie!

FERNAND.

L'amphytrion qui nous rassemble,
Est un grand homme, à table il semble
Que nous voyons mousser ensemble,
Et son Champagne et son talent;
Ah! c'est charmant...

FAGOTTO.

Oui, que la table nous rassemble,
Et nous verrons mousser ensemble,
Et mon Champagne et mon talent.
Adopté. C'est charmant.

Ensemble.

FERNAND.

L'amphytrion qui nous rassemble
Est un grand homme, etc.

FAGOTTO.

Oui, que la table, etc.
Et nous ferons mousser, etc.

SCÈNE XVI.

Les Précédens, BÉATRIX, Valets, Servantes.

FINALE.

BÉATRIX ET CHOEUR.

Que chacun ici s'empresse,
Redoublons de soins, d'adresse,
Pour recevoir son Altesse,
Préparons tout en ce lieu.

FAGOTTO, *à Béatrix.*

Serait-il vrai, son Altesse
Arriverait en ce lieu?

(à Fernand.)

Nous nous en doutions un peu,
C'est pour voir le cher neveu
Qu'il vient sitôt en ce lieu.

FERNAND, *à part.*

Ciel! le Prince. Hélas! que faire?
Je dois craindre son courroux;
Par prudence, éloignons nous.

BÉATRIX.

De cette faveur singulière,
Mes voisins seront jaloux,
Comme ils vont enrager tous!
Quel honneur!.. Mais pour lui plaire,
Il faut ici doubler d'ardeur.

FAGOTTO.

Mon zèle, dans cette affaire,
Va bientôt me mettre en faveur.

FERNAND, *à part.*

Laissons éclaircir ce mystère,
Ne bravons pas sa fureur.

CHOEUR.

Quel bonheur!... Mais, pour lui plaire,
Il faut redoubler d'ardeur.

(On entend des fanfares de chasse; Fernand monte la scène, aperçoit le Prince, et court se cacher dans le pavillon.)

SCÈNE XVII.

BÉATRIX, FAGOTTO, LE PRINCE, Suite du Prince, Piqueurs, Valets, Servantes.

CHOEUR.

Quel plaisir glorieux que la chasse!
Des travaux noblement il délasse.

LE PRINCE.

Quel plaisir! quel plaisir, que la chasse!

CHOEUR.

L'appétit nous amène en ces lieux,
Repas joyeux
Va couronner nos jeux.

BÉATRIX, *au Prince.*

Monseigneur, combien votre présence
Nous charme !... Cependant si d'avance
J'avais su qu'en ces lieux...

CHOEUR.

L'appétit nous amène en ces lieux, etc.

FAGOTTO.

Que pour moi cet instant est heureux !
Du Prince je vais combler les vœux;
Que mon sort va faire d'envieux !

CHOEUR.

L'appétit nous amène en ces lieux,
Le repas est l'objet de nos vœux.

FAGOTTO, *tirant le Prince à part.*

Monseigneur, tout va bien en ces lieux,
Et bientôt, sous vos yeux,
Vous aurez l'objet de vos vœux.

LE PRINCE, *étonné, à part.*

Que dit-il?.. quel air mystérieux!..
(à Fagotto.)
J'aurai donc l'objet de mes vœux ?

BÉATRIX.

Monseigneur, si j'avais su qu'en ces lieux...

CHOEUR.

Quel plaisir glorieux que la chasse !
Des travaux noblement il délasse.

FAGOTTO.

Du Prince je vais combler les vœux;
Que mon sort va faire d'envieux!

BÉATRIX, VALETS.

Ah! pour nous que ce jour est heureux !
Et combien nous ferons d'envieux.

(Le Prince sourit de pitié en regardant Fagotto qui lui fait des signes d'intelligence, et il entre dans le corps-de-logis à droite, Fagotto et les chasseurs le suivent; les valets sortent par le fond.)

Fin du Premier Acte.

ACTE SECOND.

Une salle commune dans l'auberge, des portes de chaque côté et au fond. Une table, plumes, encre, papier, des chaises.

SCÈNE PREMIÈRE.

FERNAND, *seul.*

(*Au lever du rideau il est assis auprès de la table, il se lève pendant la ritournelle.*)

CAVATINE.

Prenons courage,
Bravons l'orage,
Achevons notre ouvrage.

Je t'implore,
Toi que j'adore,
Viens encore
M'éclairer.
O ma déesse chérie,
Aimable folie,
Viens encore m'inspirer.

Douce gaîté pour moi,
Sois la suprême loi;
Tout mon bonheur, c'est à toi
Que je le doi.

Par toi je chante,
Tour-à-tour,
Bacchus et l'Amour.
L'âme contente,
Je brave encor
Les coups du sort.

Douce gaîté, etc.

Quel plaisir
Trouve-t-on à gémir,
A languir?

Je veux fuir
Ce triste plaisir.
Aimable délire,
Suis-moi partout;
Tout doit me rire,
Je ris de tout...
Je ris de tout,
Voilà mon goût.

Douce gaîté, pour moi
Sois la suprême loi;
Tout mon bonheur, c'est à toi
Que je le doi.

SCÈNE II.

FERNAND, FAGOTTO.

(*Fagotto sort d'une chambre à droite.*)

FAGOTTO.

Ah! c'est vous!

FERNAND.

Eh bien, vous avez vu le Prince.?

FAGOTTO.

Charmant, mon ami... nous nous sommes entendus à demi-mot.

FERNAND, *hésitant.*

A demi-mot?... c'est-à-dire qu'il n'y a pas eu d'explication?

FAGOTTO.

Pas encore, son Altesse n'était pas seule.

FERNAND, *rassuré.*

A merveille. Il faut bien vite exécuter ses ordres.

FAGOTTO.

Bah! puisqu'il est ici...

FERNAND.

Raison de plus! vous auriez l'air d'hésiter, de craindre d'avancer quelque chose pour lui.

FAGOTTO.

Moi!... fi donc! Je suis tout prêt.

FERNAND.

Nous n'avons pas de temps à perdre ; avez-vous cette somme ?

FAGOTTO.

Non pas sur moi et je ne puis sortir, j'attends le Prince... mais je vais vous donner un mot ; faites-moi le plaisir de passer chez moi.

(Il se met à une table pour écrire.)

SCÈNE III.

FAGOTTO, FERNAND, JULIA, PAOLI.

JULIA, *à Paoli en entrant.*

Non, Monsieur, plus d'amour, plus de mariage, votre oncle...

PAOLI.

Mon oncle! mon oncle, je n'en avais qu'un et il est mort.

FERNAND.

Ah ! mon Dieu ! ils vont tout gâter.

(Il occupe Fagotto.)

JULIA.

Tenez, demandez à M. Fagotto.

PAOLI, *à Julia.*

Qu'il existe encore, à la bonne heure ; mais il n'a pas le droit de me séparer de toi... j'irai plutôt me jeter aux genoux du Prince.

FAGOTTO, *à Fernand toujours écrivant.*

Hein ! qu'est-ce qu'il dit donc ?

FERNAND.

Ne l'écoutez pas, faites votre billet.

JULIA, *à Paoli.*

Eh, Monsieur, c'est justement lui qui fait votre malheur.

PAOLI.

Le Prince!

FERNAND.

Ton oncle!

PAOLI.

Le Prince!

FAGOTTO.

Oui, jeune homme, oui, lui-même.

PAOLI.

Allons donc, quelle plaisanterie; c'est toi qui oses....

FERNAND.

Moi, je ne suis pour rien là dedans; mais il a écrit à M. Fagotto.

JULIA.

J'ai vu la lettre.

FAGOTTO.

Et de plus il est ici.

PAOLI.

Eh quoi! M. Dorvalli, le frère de ma mère, ce colonel?

FAGOTTO, *se levant précipitamment.*

Qu'est-ce que c'est que M. Dorvalli?

FERNAND, *le fait rasseoir.*

Dépêchez-vous donc, il va venir. (*A demi-voix et rapidement à Paoli.*) M. Dorvalli est aujourd'hui prince italien... brave militaire... du talent, de l'esprit... il est parvenu... on oublie la famille, mais on y revient toujours.

PAOLI.

Il aurait bien dû m'oublier plus longtemps.

FERNAND.

C'est ce que je disais. (*A part.*) Bon! il est aussi crédule que l'autre.

JULIA.

Il faut obéir.

PAOLI.

Eh bien! mon oncle le Prince n'a pas le droit...

FAGOTTO, *se levant.*

Il a le droit.

FERNAND, *affirmant.*

Il a le droit.

PAOLI.

Et toi aussi!... on dit que la fortune donne des amis,

je n'en ai qu'un, et voilà qu'elle me l'enlève ; mais tu le connais toi, le Prince... et...

FERNAND.

Sans doute, je le connais, mais c'est M. Fagotto qu'il a chargé de ses pouvoirs.

FAGOTTO, *s'avançant gravement.*

M. Paoli, votre oncle vous aime ; oui, il vous aime, et la preuve est que je viens de sa part vous offrir tout ce qui vous sera nécessaire pour paraître d'une manière convenable à votre rang... quant à vous, Mademoiselle, je vous remettrai ce que son Altesse...

JULIA.

Non, non, Monsieur.

FERNAND, *à Fagotto.*

Oh ! je me charge de lui faire accepter... et d'adoucir... ses regrets.

FAGOTTO.

Ah ! vous voulez jouer le rôle de consolateur !... Eh bien, soit... Voici le bon.

FERNAND, *il prend le bon et lit.*

Trois mille ducats !... madame Fagotto, etc... excellent.

FAGOTTO, *à Paoli et à Julia.*

Maintenant, les bienséances et mon devoir exigent que je vous sépare.

PAOLI.

Nous séparer !

QUARTETTO.

JULIA.

Loin de ces lieux,
Oui, je m'exile,
Mon humble asile
Me convient mieux.

(*à Paoli.*)

Vers d'autres belles
Porte tes pas ;
Et quand près d'elles
Tu m'oublieras,

Je veux seulette,
Dans ma retraite,
Songer toujours
A nos amours.

PAOLI.

Loin de ces lieux
Si l'on t'exile,
Ton humble asile
Aura mes vœux.
Nulle autre belle
Ne charmera
Ce cœur fidèle
Qui t'adora.
Ma Juliette,
Dans sa retraite,
Sera toujours
Mes seuls amours.

FAGOTTO.

Tous ces adieux
Sont inutiles;
Soyez dociles,
Quittez ces lieux.
Quelqu'autre belle
Le charmera.
Flamme nouvelle
S'allumera.
Mainte coquette,
Mainte amourette,
Va de ses jours
Charmer les cours.

FERNAND, *à part*.

Pauvres enfans!
Ah! quels tourmens!
A leur tendresse
Je m'intéresse.
Pour les sauver,
Il faut braver
Même leurs larmes
Et leurs allarmes.
Pour leur bonheur,
Tenons rigueur.

Ensemble.

PAOLI.

Loin de ces lieux,
Si l'on t'exile, etc.

JULIA.

Loin de ces lieux,
Oui, je m'exile, etc.

FAGOTTO ET FERNAND.

Tous ces adieux
Sont inutiles, etc.

(Fagotto sépare Julia et Paoli, il les fait entrer chacun dans une chambre.)

SCÈNE IV.

FERNAND, FAGOTTO.

FERNAND.

Eh! vite, je cours chez vous maintenant... *(A part.)* Tant que je ne tiens rien... *(Haut.)* Surtout quand vous verrez son Altesse, ménagez sa sensibilité... prolongez l'explication... donnez-moi le temps...

FAGOTTO.

Oh! nous sommes en mesure... Je crois qu'il est difficile d'être plus éloquent et plus persuasif, n'est-ce pas?

FERNAND.

Vous avez été admirable.

FAGOTTO.

Ah! j'aperçois le Prince.

FERNAND.

Le Prince!... Je vous laisse... vous allez lui apprendre ce que vous avez fait... vous verrez sa surprise, sa joie... *(A part.)* S'il y comprend un mot, je veux bien que le diable m'emporte. *(Il sort.)*

SCÈNE V.

FAGOTTO, LE PRINCE.

(Fagotto salue le Prince à plusieurs reprises.)

LE PRINCE, *à part.*

Encore cet homme! je le trouve toujours sur mes pas.

FAGOTTO, *souriant au Prince et redoublant ses révérences.*

Monseigneur... eh! eh!...

LE PRINCE, *étonné et à part.*

Hein?... que diable veut-il dire avec son air de mystère et de satisfaction?

FAGOTTO, *d'un ton mystérieux.*

Ils sont là.

LE PRINCE.

Oui!... qui donc?

FAGOTTO.

Les jeunes gens en question.

LE PRINCE.

Ah!...

FAGOTTO.

Je viens de leur parler.

LE PRINCE.

Et que leur avez-vous dit?

FAGOTTO.

Tout ce que Monseigneur aurait pu dire en pareille occasion.

LE PRINCE, *à part.*

Me voilà bien avancé.

FAGOTTO.

Pour le reste, j'ai suivi vos ordres.

LE PRINCE, *à part.*

Mes ordres!... il faut pourtant qu'il y ait quelque chose... les princes ne savent pas tout... mais ils doivent avoir l'air de tout savoir. (*Haut.*) Vous êtes bien sûr de n'avoir point commis d'erreur dans... l'affaire... dont il s'agit.

FAGOTTO.

Ah! Monseigneur! je suis certain d'avoir rempli vos intentions, la lettre que votre Altesse m'a fait adresser par son secrétaire était claire et trop précise...

LE PRINCE, *à part.*

La lettre!... mon secrétaire... serait-ce encore un tour de Fernand?

FAGOTTO.

Quant à ce qui était facultatif, aux sommes à donner...

LE PRINCE, *à part.*

De l'argent!... ah!

FAGOTTO.

J'ai agi comme vous auriez fait vous-même; grandement,

LE PRINCE, *à part.*

Allons, il n'a pas ménagé ma bourse.

FAGOTTO.

Monseigneur est si bon parent!

LE PRINCE.

C'est quelqu'un de ma famille à présent. (*A Fagotto.*) C'est très-bien, M. Fagotto, je suis content de vous; mais cet étourdi de Fernand aura peut-être oublié... Donnez-moi sa lettre.

FAGOTTO.

La voici.

LE PRINCE, *il lit bas.*

Voyons.

FAGOTTO.

Oh! il est ordinairement d'une exactitude!

LE PRINCE, *après avoir lu.*

Le tour est piquant. (*Haut.*) Faites venir le jeune homme.

FAGOTTO.

Le neveu de Monseigneur?

LE PRINCE.

Oui, oui, mon neveu... et mademoiselle Julia.

FAGOTTO.

La jeune Prima Dona? Oui, monseigneur. (*Il sort.*)

SCÈNE VI.

LE PRINCE, *seul.*

Je reconnais bien là ce Fernand; mais je ne reconnais pas son caractère... et moi qui voulais lui pardonner!... Je suis curieux de voir l'effronté coquin qu'il s'est adjoint pour l'exécution de la fourberie... il doit avoir toute la hardiesse, toute l'intrépidité des Gilblas, des Gusmans d'Alfarache, sur les traces desquels il marche si habilement...

SCÈNE VII.

LE PRINCE, JULIA, PAOLI, FAGOTTO.

FAGOTTO, *aux jeunes gens.*

Avancez, avancez, ne craignez rien... Monseigneur, les voici.

LE PRINCE.

Mais ce sont des enfans.

FAGOTTO, *à part.*

Cette entrevue doit-être assurément touchante... Je crois qu'il est indispensable que je pleure. (*Il tire son mouchoir.*)

LE PRINCE, *examinant les jeunes gens.*

Leurs figures douces et honnêtes feraient croire à leur innocence.

PAOLI, *à part.*

Allons, du courage... (*Il se jette aux genoux du Prince.*) Ah! mon oncle!

LE PRINCE.

Eh bien? et lui aussi!...

PAOLI.

Qu'il eut été doux, pour un orphelin, l'instant où il pressait sur son cœur la main d'un parent! Pourquoi faut-il que vous veuilliez lui faire acheter ce plaisir aux dépens du bonheur de sa vie?... Ah! mon oncle...

LE PRINCE, *à part.*

Encore!... mais c'est une mystification.

FAGOTTO, *à part.*

Je suis fâché maintenant de n'avoir pas enflé le mémoire, le bonheur est généreux, et l'attendrissement ne compte jamais.

PAOLI.

Ce ne sont pas vos richesses qui excitent mes transports; si comme tant d'autres vous aviez éprouvé un sort contraire, vous n'auriez pu vous opposer à notre union, et nous aurions partagé avec vous nos faibles ressources, le fruit de notre travail, Julia vous aurait entouré de ses soins, de ses carresses... Quelle eût été notre joie! notre félicité, mon cher oncle.

LE PRINCE.

Osez-vous bien continuer en ma présence!...

FAGOTTO, *à part.*

Ah ça, mais il me semble que son Altesse n'est pas aussi sensible que je me l'étais figuré!...

JULIA.

Appaisez-vous, Monseigneur, que votre colère ne tombe pas sur Paoli. Je m'éloignerai, il m'oubliera, et rien ne s'opposera plus aux desseins généreux que vous avez sur lui. Adieu, adieu, Paoli. (*Elle veut sortir.*)

PAOLI, *la retenant.*

Julia!... Mon oncle, serez-vous assez cruel?...

LE PRINCE.

Ah! c'est trop fort!... Je ne sais qui vous a mis dans la tête de m'appeler votre oncle; mais sachez que je ne suis pas disposé à le souffrir plus longtemps.

FAGOTTO.

Qu'entends-je?...

PAOLI.

Que dites-vous?

JULIA, *au Prince.*

Il n'est pas votre neveu?

LE PRINCE.

Non, vraiment!

FAGOTTO.

Ah! malheureux!

LE PRINCE.

D'où vous vient cette surprise?

PAOLI.

Vous ne voulez pas me faire grand seigneur?

JULIA.

Le marier avec une princesse?

FAGOTTO.

Lui donner trois mille ducats?

LE PRINCE.

Je n'y ai jamais songé.

FAGOTTO.

Je suis ruiné.

PAOLI.

Quel plaisir !

COUPLETS.

PAOLI.

Premier.

Parole enchanteresse !
Quoi ! par aucun lien,
A votre auguste Altesse
Vraiment je n'appartien ?
Quoi, je n'ai rien, } (*bis.*)
Je ne suis rien ! }
Ah ! quel bonheur !
Ni parens, ni richesse !
Quel bonheur !
Je ne suis par grand seigneur !

Ensemble.

FAGOTTO.

Ah ! quel malheur !
Ni parens, ni richesse !
Ah ! quel malheur !
Il n'est pas grand seigneur.

JULIA ET PAOLI.

Ah ! quel bonheur !
Ni parens, ni richesse !
Ah ! quel bonheur !
Tu n'es pas } grand seigneur.
Je ne suis pas }

LE PRINCE.

Tant de candeur,
En leur faveur m'intéresse,
Tant de candeur,
Mérite le bonheur.

JULIA, *à Paoli.*

Deuxième.

Pour toi plus de princesse,
L'amour seul est ta loi,

L'objet de ta tendresse
Va recevoir ta foi.
Non, plus d'effroi, } (bis.)
Je suis à toi.
Ah! quel bonheur!
Ni parens, ni richesse!
Ah! quel bonheur!
Tu n'es pas grand seigneur.

Ensemble.

FAGOTTO.

Ah! quel malheur!
Ni parens, ni richesse, etc.

JULIA ET PAOLI.

Ah! quel bonheur!
Ni parens, ni richesse, etc.

LE PRINCE.

Tant de candeur, etc.

LE PRINCE.

Leur joie paraît si vraie... votre amour, votre générosité m'ont intéressé... j'aurais été fâché de vous trouver coupables.

FAGOTTO.

Ils le sont, Monseigneur, j'en appelle à votre justice... le neveu de votre Altesse...

LE PRINCE.

Hein?

FAGOTTO, *se reprenant.*

Non, le jeune Paoli, veux-je dire?

LE PRINCE.

On a abusé de votre crédulité, et c'est Fernand.

SCÈNE VIII.

Les Précédens, FERNAND.

FERNAND, *qui est arrivé un peu avant la fin de la scène précédente, s'avançant.*

Oui, Monseigneur.

LE PRINCE.

Et vous osez vous présenter devant moi!... avouer une action semblable.

FERNAND.

Je m'en fais gloire, Monseigneur.

FAGOTTO.

Quelle audace !

LE PRINCE.

Vous servir de mon nom !

FERNAND.

Pour faire rendre justice, c'est son usage ordinaire.

LE PRINCE.

Je ne comprends pas.

FAGOTTO.

J'ai l'honneur de me trouver absolument dans la position de son Altesse, je ne comprends pas du tout.

FERNAND.

N'avez-vous pas là votre mémoire ?

FAGOTTO.

Si fait... j'attendais le moment pour le présenter à Monseigneur; trois mille ducats fournis en son nom...

FERNAND.

Nous les avons touchés... La Signora Fagotto, votre épouse, a fait honneur à votre signature... mais vous ne perdrez rien. (*Il lui remet la lettre de Paoli.*) Vous voilà remboursé.

PAOLI ET FAGOTTO.

Comment ?

FERNAND, *à Fagotto.*

N'est-ce pas là cette créance dont son père était depuis longtemps possesseur. Vous avez un peu tardé à vous acquitter; mais vous venez de vous en tirer de si bonne grâce, qu'il n'y a pas moyen de vous reprocher le temps perdu.

FAGOTTO, *regardant le papier.*

Borelly, quelle école !

LE PRINCE.

Fernand, je vous sais gré de ce que vous avez fait, oublions le passé... vous partirez avec moi, et pour ne pas laisser votre ouvrage incomplet, je veux que vos amis vous accompagnent.

PAOLI ET JULIA.

Ah ! Monseigneur !...

LE PRINCE.

M. Fagotto, vous avez acquitté votre dette, je souhaite que ce soit la dernière.

FAGOTTO.

Monseigneur est bien bon. Tous les princes du monde pourraient bien maintenant passer par ici, je veux être pendu si j'avance un florin pour leur famille.

SCÈNE IX ET DERNIÈRE.

Les Précédens, BÉATRIX.

BÉATRIX.

Le diner commandé par M. Fagotto est servi.

FERNAND.

A merveille, M. Fagotto, ce sera pour les intérêts.

JULIA, *au Public.*

Tous deux du mariage
Formant le doux lien,
Déjà, contre l'orage,
Nous trouvons un soutien.
Le premier bien
N'est encor rien ; } (*bis.*)
Point de bonheur
Pour nous, sans votre suffrage ;
Votre faveur
Fait seul ici notre bonheur.

TOUS.

Point de bonheur !
Pour nous, sans votre suffrage,
Votre faveur,
Fait seul ici notre bonheur.

FIN.